ハッピースクール開校！

友だち、勉強、家ぞくのなやみ

あけはし先生にきいてみよう

明橋大二 著　イラスト 太田知子

1万年堂出版

はじめに

毎日子《まいにちこ》どもたちの相談《そうだん》に乗《の》る仕事《しごと》をしてきて、わたしがずっと感《かん》じてきたことがあります。

それは、**今《いま》の子《こ》どもたちは、難《むずか》しい勉強《べんきょう》はいろいろと教《おし》えられているけれど、本当《ほんとう》に大切《たいせつ》なことは、必《かなら》ずしも教《おし》えてもらっていないのではないか、**ということです。

本当《ほんとう》に大切《たいせつ》なこととは何《なに》かというと
それはとてもシンプルな2つのこと。

1つは、**あなたは、とても大切《たいせつ》な、かけがえのない存在《そんざい》なんだよ、**ということ。

もう1つは、**人《ひと》のことを傷《きず》つけていい人《ひと》なんてこの世《よ》に1人《ひとり》もいないし、あなたは傷《きず》つけられてもしかたのない人《ひと》では、決《けっ》してない、**ということ。

当《あ》たり前《まえ》のことのように思《おも》えるし、道徳《どうとく》の授業《じゅぎょう》なんかで言葉《ことば》としては教《おし》えられているかもしれないけれど、でも現実《げんじつ》は決《けっ》してそうじゃないこともあるのです。

友《とも》だちから悪口《わるくち》を言《い》われたのにだれも助《たす》けてくれないとか。

だれかに相談《そうだん》しても
「それはあなたが悪《わる》いからじゃないの」と逆《ぎゃく》におこられてしまうとか。
自分《じぶん》が傷《きず》つけられたのに、
「ごめんなさい」と謝《あやま》らなければならないとか。

こんなことがあってなやんでいる人《ひと》に、それは
あなたが悪《わる》いんじゃないよ、あなたのせいでは決《けっ》
してないよ、ということを、どうか知《し》ってほしく
て、この本《ほん》を書《か》きました。

少《すこ》しでも参考《さんこう》にしてもらえるとありがたいです。

そして、この世《よ》の中《なか》が、みなさんにとって少《すこ》しでも、「生《い》きていて幸《しあわ》せだな」と思《おも》える世《よ》の中《なか》になることを、願《ねが》ってやみません。

明橋《あけはし》大二《だいじ》

しつもん もくじ

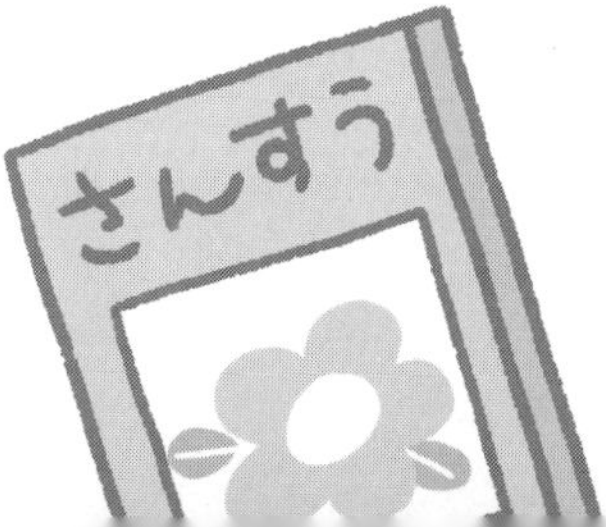

さんすう

しつもん①

わがままな友《とも》だちと、どうつきあったらいい？

遊《あそ》ぶとき、損《そん》なルールをおしつけられたり、いやな役《やく》をやらされたり、テストを見《み》せろと言《い》われたりします。いやだと言《い》うと、おこって、悪口《わるくち》を言《い》いふらされるから、いつもその子《こ》の言《い》いなりになっています。

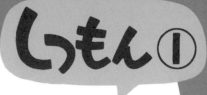

この子《こ》はいつも遊《あそ》ぶ仲間《なかま》のリーダー
今日《きょう》も公園《こうえん》で遊《あそ》ぼう! おまえも来《こ》いよっ
うん
スポーツはできるし、ノリがいいし、明《あか》るくておもしろい
あはははは
うける〜
だからいっしょに遊《あそ》んでいてとても楽《たの》しい
だけど言《い》い方《かた》がとてもキツイ
何《なに》やってんだよ、ボケ! マジウザイ。いっぺん死《し》んでくれ
ぼくの意見《いけん》は全然《ぜんぜん》聞《き》いてくれないいし
ねー
サッカーやめておにごっこしよう
むし
もう1回戦《いっかいせん》!!
自分《じぶん》につごうがいいように遊《あそ》びを設定《せってい》する
おまえキーパーな
えー また—?
ぼくばっかりヤダよ。たまにはジャンケンで決《き》めようよ
えー
グーグー パー
ヒソヒソ
グーグー パー
いいよ。じゃ、ジャンケンしよ〜
ジャンケン
ポイ
じゃあ勝《か》ったほうがキーパーね
どうせこうなるんだよ

授業中《じゅぎょうちゅう》はプリント見《み》せろとか言《い》ってくるし
早《はや》くしろよ!
えー
断《ことわ》ると悪口《わるくち》言《い》われるし
あいつサイテー
……
きげんの悪《わる》い日《ひ》はむしされる
いっしょに帰《かえ》ろう
スッ
スタスタ
それならもう遊《あそ》ぶのやめようと思《おも》っていると……
急《きゅう》にやさしくなる
ねえ! 今日《きょう》いっしょに遊《あそ》ぼう!!
そうなるとぼくもやっぱりうれしくて、今《いま》までのことは許《ゆる》してやろうと思《おも》うんだけど
あはははは
じゃ、おまえオニね
わがままで自分勝手《じぶんかって》
わーっ
もうどうやってつきあったらいいか、わかりません

こたえ①

友《とも》だちにも、
いろんな子《こ》がいるよね。
親子《おやこ》の関係《かんけい》、
先生《せんせい》との関係《かんけい》、
きょうだいとの関係《かんけい》もあるけれど、
友《とも》だちとの関係《かんけい》って、
どんな関係《かんけい》？

友《とも》だちだからといって
いつも言《い》いなりになるのは
いやだよね
そもそも
友《とも》だちとは
どういうものでしょう
あ～あ、
朝《あさ》からおもしろく
ないことばっかりで
いやになっちゃう
しょんぼり
あれ、りょう君《くん》、
どうしたんだろう、
元気《げんき》ないな
りょう君《くん》、
何《なに》かあったの？
実《じつ》はこういうことが
あって……
それは
たいへんだったね。
でもそんな日《ひ》も
あるよ。
とにかく外《そと》で
遊《あそ》んで
元気出《げんきだ》そうよ
ワーワー
あー楽《たの》しかった。
すっかり元気《げんき》に
なったよ
よかったね！
今日《きょう》はさとし君《くん》
のおかげで楽《たの》しく
すごせたなあ。
やっぱり友《とも》だちって
いいな

次《つぎ》の日《ひ》——
あれ、今日《きょう》は さとし君《くん》が 元気《げんき》ないぞ
しょんぼり
さとし君《くん》 どうしたの? 今日《きょう》も いっしょに 遊《あそ》ばない?
ありがとう!! りょう君《くん》のおかげで 元気《げんき》になったよ!
よかった。 だってぼくたち 友《とも》だちだもんねー
わたしは、友《とも》だちというのは フェア（対等《たいとう》）な関係《かんけい》 だと思《おも》います
おたがいに 言《い》いたいことが 言《い》い合《あ》える
こまったときは おたがい様《さま》
そして、いっしょにいて楽《たの》しい、ほっとする。 こんな気持《きも》ちになれる人《ひと》だと思《おも》います

もしもこんな関係《かんけい》ならば……
仲間《なかま》に入《い》れてやるから言《い》うこと聞《き》けよ
おまえおやつ持《も》ってこいよ。友《とも》だちだろ？
相手《あいて》のきげんがいいときは楽《たの》しいけど
おーい！サッカーやろうぜ!!
いつもぼくは言《い》われ続《つづ》けるだけ
ああしろ
こうしろ
いつも言いたいことを言う
いつもがまんする
これって本当《ほんとう》に友《とも》だちなのかな？
それは、本当《ほんとう》の友《とも》だちとはいえないいんじゃないかな

もちろん、がまんしないといけないこともあるけれども
たまにはおにごっこやろうよ
みんなサッカーやりたいって言《い》ってるんだからがまんしろよ
キーンコーン
サッカー♪
サッカー♫
サッカー
サッカー♪
カーンコーン
同時《どうじ》に一人《ひとり》ひとりの気持《きも》ちも大切《たいせつ》にされないといけないよね
ぼくずっとキーパーばっかりやってるよ!!
かわってよ!!
友《とも》だちならば、おたがい助《たす》け合《あ》えるし、いっしょにいて楽《たの》しいはずです
いつも自分《じぶん》だけが言《い》うことを聞《き》いているな、とか、いつも自分《じぶん》ばかり気《き》をつかっているな、と思《おも》ったら、「これって、本当《ほんとう》に友《とも》だちかな？」と、一度《いちど》考《かんが》えてみてはどうでしょう？
ここがポイント

じゃあ、自分《じぶん》の力《ちから》で解決《かいけつ》できないときはどうしたらいいかな
おい、今日《きょう》も放課後《ほうかご》集合《しゅうごう》だぞ!!
言《い》うこと聞《き》かないとすごくおこるし、悪口《わるくち》言《い》いふらされるから、言《い》いなりになるしかない
そういうときはまよわず大人《おとな》に相談《そうだん》しよう!!
たんにんの先生《せんせい》でもいいし たんにんがなかなかわかってくれそうになかったら ほかのクラスの先生《せんせい》
4-2
4-1
保健《ほけん》の先生《せんせい》
教頭《きょうとう》先生《せんせい》
校長《こうちょう》先生《せんせい》
前《まえ》のたんにんの先生《せんせい》
とにかくわかってくれそうな先生《せんせい》に相談《そうだん》してみてください
任せなさい!
ドーン
グッ

先生《せんせい》にチクッったら よけいにひどい目《め》に あいそうだから だまっていよう
みんなこんなふうに 心配《しんぱい》して、相談《そうだん》する のをためらうけど、実際《じっさい》は 先生《せんせい》に相談《そうだん》すれば 解決《かいけつ》することも 多《おお》いんだよ
ちょっといいかい？
大人《おとな》がしっかり 相手《あいて》に話《はなし》をすると
しゅん……
よう……
遊《あそ》ぼー
ドキ ドキ ドキ
小学生《しょうがくせい》くらいなら、かなりの場合《ばあい》、解決《かいけつ》できます
ヘイ パス！
あれ、つきあいやすく なった……
あと、そういう わがままな子《こ》の場合《ばあい》、たいてい同《おな》じように いやな思《おも》いをしている子《こ》が 周《まわ》りに何人《なんにん》かいるものです
ともや君も そうだったの？、
ぼくもだよ！ わかるよ
その子《こ》たちと話《はな》し合《あ》って いっしょに言《い》いに行《い》けたら もっといいよね。
そして、どんな目《め》にあった のか、いやだった気持《きも》ちを 思《おも》い切《き》り話《はな》してみよう

まとめ

友《とも》だちというのは
対等《たいとう》なもの

いやなことは
いやだと言《い》っていいし、
かたほうだけいつも
がまんしなきゃいけないのは
おかしいのです

しつもん②

どうして、子《こ》どもには自由《じゆう》がないの？

大人《おとな》は何《なん》でも好《す》きな物《もの》を買《か》っているのに、
どうして子《こ》どもは買《か》ってもらえないのですか？
大人《おとな》はどれだけでも好《す》きなことをやっているのに、
どうして子《こ》どもがずっとゲームで遊《あそ》んでいると、
おこるのですか？　大人《おとな》は自由《じゆう》でいいなと思《おも》います。

お母《かあ》さん!!
キラ キラ
キャラクターシール付《つ》きガム、買《か》って〜〜!!
レンジャーガム
だめよ、おかしは1個《こ》まででしょ
それにこんなに高《たか》いの買《か》えないわ
まあっこれ安い!
くるっ
まとめて5、6個買っておこうっ
SALE
お母《かあ》さんは何《なん》でも自由《じゆう》に買《か》ってるのにィ〜〜〜!!
ズルイ!
コラ!いつまでテレビ見《み》てるの!もうねる時間《じかん》でしょ
え——ぼくだってたまには夜《よ》ふかししたいよ
まだ途中だよ
録画《ろくが》して今度見《こんどみ》たらいいじゃない
明日《あした》の朝《あさ》起《お》きられなくなるわよっ!
今日のロードショーは〜♪
ピッ
大人《おとな》ってぼくにはダメッて言《い》うくせに
自分《じぶん》は何《なん》でも自由《じゆう》にやってて ズルイ〜〜〜!!

こたえ②

実《じつ》は、わたしも自由《じゆう》がほしいって
思《おも》うんだよね。

でも、
すべてが自由《じゆう》になったら、
どうなるんだろう……

自由《じゆう》っていいよね。みんな自由《じゆう》がほしいと思《おも》います。だって、何《なん》でも好《す》きなことをしたり、好《す》きな物《もの》を買《か》ったりできるからです
それで、だれからも文句《もんく》を言《い》われないなんて、最高《さいこう》だよね
「それなのに、どうして子《こ》どもには自由《じゆう》がないの?」というのは、確《たし》かにもっともな意見《いけん》です
実《じつ》は自由《じゆう》がないのは子《こ》どもをしばりつけるためではなくて
本当《ほんとう》は「守《まも》られている」ということなんだ

では、何《なん》でも自分《じぶん》の自由《じゆう》にできたら、どうなるかな
やった――!!
バサ
バサ
お金《かね》が自由《じゆう》に使《つか》えるぞ～～!!
ほしかったゲームを買《か》って
スマホを買《か》って
マンガを買《か》って
服《ふく》を買《か》って
おかしをたくさん買《か》って
全35かん
大人買い!
あっという間《ま》に一文《いちもん》なしに……
まだまだほしい物《もの》はたくさんあるのに……
あ、おばあちゃん?
オレだよ、オレ……
100万《まん》ふりこんで
こんなはずじゃなかったのに
オレの人生《じんせい》は終《お》わった
ヒソ
ヒソ

やった――!!
自由《じゆう》だ――!!
好《す》きなだけゲームをするぞー♪
うとうと。。。
はっ
まだまだー!!
まだ止められない……
バタン
ゲームやりすぎて体《からだ》をこわしたらしいわよ
かわいそうに
ピーポーピーポー
2《ふつ》日《か》間《かん》ゲームをやり続《つづ》けてなくなった人《ひと》もいるって話《はなし》よ～

こんなことにならないよう、大人《おとな》は子《こ》どもを守《まも》らないといけない
買ってー!!
買ってー!!
ほしい物《もの》を何《なん》でも買《か》うことはできないのよ
1個《こ》にしようね
そのために、「これはしてはいけない」「あれをしてはダメだ」と注意《ちゅうい》するんだね
おやつをたくさん食《た》べたら夕飯《ゆうはん》が食《た》べられなくなっちゃうからこれくらいね
栄養《えいよう》のあるご飯《はん》をたくさん食《た》べようね
えーっ
もっと食べたい!!
やりすぎると目《め》が悪《わる》くなるし
ねる時間《じかん》はちゃんと守《まも》らないと成長《せいちょう》できないのよ
みんなも大人《おとな》になって、そういうきけんから、自分《じぶん》で自分《じぶん》の身《み》が守《まも》れるようになれば、自由《じゆう》を手《て》に入《い》れることができるんだ

ただ、大人《おとな》になったからといって、何《なん》でも自由《じゆう》にできるかというと……
ヤッター大人《おとな》だ――自由《じゆう》だ――!!
そうでもないんだよ
お金《かね》を手《て》に入《い》れるには、朝《あさ》からばんまで働《はたら》かなければならないし
夏のお得なキャン
ぎゅう
ぎゅう
ぎゅう
ぎゅう
いやだと思《おも》っても、やらなければならないことばかりです
ダラダラ
いいなあ
イヤな客《きゃく》
すみません
すみません
ネチネチ
ペコペコ
休日《きゅうじつ》といってもやることはたくさんある
ゆっくりするひまがぜんぜんないなぁ
子《こ》どもは自由《じゆう》でいいなぁ……
やっぱり大人《おとな》も、がまんするところはがまんしながら、自由《じゆう》を大切《たいせつ》にしているんだ
大人《おとな》は自由《じゆう》でいいなぁ

まとめ

自由《じゆう》はつねにきけんが
つきもの

大人《おとな》になるまではできないことがあるのは、
それだけ「守《まも》られてる」ってことなんだよ

しつもん③

親《おや》はどうして、こんなに口《くち》うるさいの？

家《いえ》でダラダラしていると、お母《かあ》さんがおこります。

宿題《しゅくだい》をしていても、今度《こんど》は答《こた》えがちがうと言《い》っておこるし、「えんぴつの持《も》ち方《かた》がおかしい」とか、「字《じ》がきたない」とか、あんまりうるさいから、やる気《き》までなくなります。

今日《きょう》は、何《なに》も予定《よてい》がないから、久《ひさ》しぶりにいっぱいゲームができるぞ〜〜!!
ただいま〜〜!!
ゲーム♪
ゲーム
おかえり、待《ま》ってたわよ
今日《きょう》こそ部屋《へや》をかたづけてもらうわよ
え〜〜〜、せっかく走《はし》って帰《かえ》ってきたのに
散《ち》らかっているせいで、そうじきがかけられなくてこまっているのよ
ちぇっ、何《なん》でぼくが
のろのろ
は〜めんどくさ。お母《かあ》さんやっといてよ
はい、終《しゅう》りょう
ぐいぐいぐい
まあ！

そんなかたづけ方《かた》はダメよっ。やり直《なお》し！
重ねただけじゃない！
それにまだテーブルの上《うえ》がかたづいていないじゃない!!
あーもう！
ハイハイかたづけましたよっ これでいーんでしょ
ドカッ
あっゲーム!!
帰《かえ》ってきたらまず宿題《しゅくだい》でしょ！
ゲームは宿題《しゅくだい》のあと！
あ〜うるさい
早《はや》く宿題《しゅくだい》やりなさい!!
ここまちがってるわよ！
こんなのもわからないの!?
もっときれいな字《じ》で!!
目《め》が近《ちか》い！
げんかんにランドセル置《お》きっぱなし！
くつもそろえて！
何《なん》度《ど》同《おな》じことを言《い》わせるの!!
あんたは同《おな》じことを100回《かい》言《い》わないとやらないんだから!!
フーフー
親《おや》って何《なん》でこんなにウルサイの!?
キ〜〜ッ

こたえ③

わたしも、子《こ》どものころは、
同《おな》じ気持《きも》ちだったな。

どうして、親《おや》は、
こんなにいろいろ
言《い》ってくるのかな……

子《こ》どももいろいろたいへんです。
こんなにダメ出《だ》しばっかりされたら、やる気《き》もなくなるよね
やる気
パタパタ
ほんとやる気《き》なくした
別《べつ》にまったくやってないわけじゃないんだから、とりあえず勉強《べんきょう》していることをほめてくれたら、もう少《すこ》しやる気《き》も出《で》るのにね
ぐにゃ〜
やる木
ガミガミ
宿題《しゅくだい》！
宿題《しゅくだい》!!
こうじゃなくて
こう言《い》ってくれたらやる気《き》出《で》るのにな
わっ宿題《しゅくだい》やるの？さすがだね！
まあね
この字《じ》ちがってる!!
書《か》き順《じゅん》もちがう!!
えんぴつの持《も》ち方《かた》もちがう。
もっとていねいに!!
会合
こうじゃなくて
こう言《い》ってくれないかな
この字《じ》、スゴク上手《じょうず》だね
もっと上手《じょうず》に書《か》けるよ！

さっさとやる‼
こんなかんたんな問題《もんだい》もわからないの⁉
ダラダラしない‼
はいはい どうせぼくはダメですよ
こうじゃなくて……
もうそんなにできたの？
がんばってるね
よーし、がんばるぞー
毎日《まいにち》バッチリだね
さすが2年生《ねんせい》‼
ぼくってスゴイ‼
こう言《い》ってくれたらうれしいな
すごいねー がんばってるねー
やる木
ぐんぐん
ぼくってほめられてのびるタイプなんだから‼

よく
あなたのためを思《おも》って言《い》っているのよ
と親《おや》は言《い》うけれど
では、そういう気持《きも》ちでなら何《なに》をされてもいいのかというと、そうではないと思《おも》います
あなたのため!!
頭悪《あたまわる》い子《こ》ね!
アホか!!
わたしは、たとえ親《おや》でもきずつけるような言《い》い方《かた》、ましてや、ダメ人間《にんげん》のように言《い》ったり、暴力《ぼうりょく》をふるったりするようなことは、許《ゆる》されないと思《おも》っています
あなたのため
ゴンゴン
親《おや》の言《い》い方《かた》にきずついたときは
「言《い》いたいことはわかるけど、そんな言《い》い方《かた》をされるのはいやだ」
「ぼくはすごくきずついた」
と、自分《じぶん》の気持《きも》ちを伝《つた》えてみよう
ここがポイント

たくさんのことをいっぺんに言《い》われるとわ――ってなっちゃうからやめて
ビシッ
そうだったの
これからは1つずつにするわ
あとイライラした声《こえ》で言《い》わないで。おこられると悲《かな》しくなる
わかったわ
お母《かあ》さんもできるだけ気《き》をつけるわ
あと、やろうとしているときに言《い》われるとよけいやる気《き》なくすから言《い》わないで
ニッコリとやさしい言《い》い方《かた》して
ぼくの言《い》うこともちゃんと聞《き》いて
言《い》われてみれば
確《たし》かにそうね
どれだけきずついているかは言《い》わないと、意外《いがい》と親《おや》はわかっていないのかもしれないね

じゃあなぜ親《おや》は、「あれしろ」「これしろ」と口《くち》うるさいんだろう
それはやっぱり親《おや》もあなたのことが心配《しんぱい》だからなんだね
自分《じぶん》が一人前《いちにんまえ》の人間《にんげん》に育《そだ》てなければ
はずかしい思《おも》いをしたら、たいへん
勉強《べんきょう》もきちんと見《み》てやらなければ
プレッシャー
注意《ちゅうい》しないとやらないから……
心配《しんぱい》
ちゃんとやらなきゃ
不安《ふあん》
あせり
責任《せきにん》
それからもう1つは
宿題《しゅくだい》すませちゃいなさいよ
はいはい
子《こ》どもが何《なに》を考《かんが》えているかわからない
ダラダラ
どういうつもりでいるかわからないというところにあると思《おも》います

だけど、あなたはあなたでそれなりに考《かんが》えているよね。だから――
ハア……やらなきゃなぁ
……
「今《いま》はゲーム中《ちゅう》だけど、30分《ぷん》たったら宿題《しゅくだい》をするつもり」
「そうじは日曜日《にちようび》にするから、それまで部屋《へや》にはさわらないでね」
と、予定《よてい》を、具体的《ぐたいてき》に伝《つた》えよう
ここがポイント
そうすれば親《おや》もそれ以上《いじょう》うるさく言《い》わないと思《おも》います
あと30分《ぷん》ね
わかったよ
ただ、約束《やくそく》をするときは、やはり、できる約束《やくそく》をすることが大切《たいせつ》です
ペラペラ
今はゲームして宿題は9時から必ずやるよ〜
ペラ
平日はやらないで日曜日にまとめて勉強する
ペラ
これからは早起きしてそうじするよ
ペラペラ

できない約束《やくそく》をすると後《あと》でまた、よけいにおこられてしまうからね
適当《てきとう》なこと言《い》って!!
ゴゴゴ
やっぱりやらないじゃないのぉぉ〜〜!!
まずは、自分《じぶん》のできそうなペースで、考《かんが》えていることや、予定《よてい》を言《い》ってみよう
遊《あそ》びに行《い》って帰《かえ》ったら宿題《しゅくだい》やる
わかった
夕飯《ゆうはん》までにかたづける
う、うん
テレビは9時《じ》までにする
9時《じ》ね
……
ちゃんと守《まも》れるなら言《い》うことないんだけど
そうしたら、いちいち言《い》ってくることが、ちょっとは減《へ》るかもしれないね

まとめ

自分《じぶん》の予定《プラン》を、
親《おや》に伝《つた》えよう

あと30分《ぷん》したら
ゲームをやめて
宿題《しゅくだい》するつもり

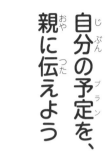

しつもん④

どうして悪口《わるくち》を言《い》いたがるの？

悪口《わるくち》を言《い》う子《こ》ばかりで、遊《あそ》びたい子《こ》がいない。
友《とも》だちなのに、どうして悪口《わるくち》を言《い》ったり、
いじわるをしたりするんだろう？

友《とも》だちがほしいな〜〜とは思《おも》うんだけど
ビクッ
ぎゃははははは
バカじゃん
うける〜
ちょっと貸《か》して〜
やめてよ返《かえ》してよ〜
ガーーンッ
何《なん》かいじわるな子《こ》ばっかり……
どきどきどきどき
あいつウザッ
消《き》えてほし〜
どっか行《い》けよ——
ヒソヒソ
ウソーやだー
仲《なか》よくなりたいと思《おも》う子《こ》がいない
無理してつきあうのはイヤだ
どうして友《とも》だちなのにいじわるしたり悪口《わるくち》言《い》ったりするんだろう

こたえ④

確《たし》かに、
悪口《わるくち》が聞《き》こえてくると、
イヤな気持《きも》ちになったり、
つらくなったりするよね。

どうして悪口《わるくち》を
言《い》いたくなるのかな……

友《とも》だちなのに、悪口《わるくち》を言《い》ったり、
いじわるしたりするって、
おかしなことだよね
まみちゃんってちょっとね……
あなたの言《い》ってることは、本当《ほんとう》にもっともなことで、とても大切《たいせつ》なことです
ただ、人間《にんげん》の心《こころ》の中《なか》には、悪《わる》いとわかっていても、言《い》ったり、やったりしたくなる心《こころ》がどこかにあって
あいつ、人気者《にんきもの》だな。気《き》に食《く》わないな
あの子《こ》キライ。みんなからきらわれちゃえばいいのに
あの筆箱《ふでばこ》いいなぁ……こわれちゃえばいいのに
あのらんぼうな子《こ》、転校《てんこう》してくれないかな
あの子《こ》は頭悪《あたまわる》いからバカにしてもいいや
あまり表《おもて》に出《で》てこないときもあれば、すごく出《で》てきてしまうときもあるんだ

例《たと》えば、ストレスをかかえると、いやな気持《きも》ちを他人《たにん》の悪口《わるくち》を言《い》うことで発散《はっさん》したり
うるさい!!
おまえはだまってろ!!
調子《ちょうし》に乗《の》るんじゃない!!
ガーーン
ムシャクシャ
あいつウザイ!!
ムカツク!!
?
消《き》えてほしい!!
ムシャクシャ
弱《よわ》い者《もの》いじめをしてまぎらわそうとしたりすることもある
毒
毒
毒
毒
毒
ひえ〜〜、あんなことを言《い》う人《ひと》は、あまり幸《しあわ》せそうじゃないなあ
だけど、たとえどんな理由《りゆう》があっても、そんなことをするのはよくないことだし、そんな悪《わる》いことをした結果《けっか》は、いずれ自分《じぶん》に返《かえ》ってきます

弱《よわ》い者《もの》いじめをすると回《まわ》り回《まわ》って自分《じぶん》に返《かえ》ってくるというこんな話《はなし》があるよ
ガミガミ
ガミガミ
スミマセン
スミマセン
お父《とう》さんが会社《かいしゃ》でえらい人《ひと》にしかられて帰《き》たくします
ただいま
ムスーッ
おかえりなさい
あなた、今日《きょう》ね……
うるさい。あっちへ行《い》け
ピコ
ピコ
オレに構《かま》わないでくれ
お父《とう》さんに話《はなし》を聞《き》いてもらえず不満《ふまん》がたまったお母《かあ》さんは、そのイライラを子《こ》どもにぶつけます
お母《かあ》さん聞《き》いてよ。今日学校《きょうがっこう》でさ
うるさいわねっ
そんなことより宿題《しゅくだい》は終《お》わってるの!?
いつまでもダラダラして！
ガミガミ
あんたはいつもそう！
チェッ
ガミ
子《こ》どもはストレスを飼《か》いネコにぶつけます
何《なん》でわたしがおこられるんだよ!!
ギャンッ
ドカッ
!?
ネコはネズミにぶつけます
ジッ
チュウ?
そのばん、天《てん》じょううらは大《おお》さわぎで、家主《やぬし》はたいへんめいわくしたのでした
ドタバタ
フーッ
ギャー
ギャー
バタバタ……
うるさくて全然《ぜんぜん》ねられない!!

「天《てん》に向《む》かってつばをはく」という言葉《ことば》もあるよね
プッ
天《てん》に向《む》かってつばをはいたら、そのまま自分《じぶん》にふりかかってくる。それと同《おな》じように
自分《じぶん》が悪口《わるくち》を言《い》ったら
えいっ
悪口
シュウウ…
ゴンッ
悪口
回《まわ》り回《まわ》って自分《じぶん》に返《かえ》ってくる
だから、あなたが悪口《わるくち》を言《い》わないようにしているのは、すごくいいことだし、
これからもぜひ続《つづ》けてほしいなと思《おも》います

また、「いじわるな子《こ》ばかり」と言《い》うけれど、悪口《わるくち》を言《い》っている子《こ》の中《なか》にもいろんな子《こ》がいると思《おも》います
何《なに》ソレださっ
あははは
へん
変《へん》な絵《え》きもっ
いいんだもん！
本当《ほんとう》はこんなこと言《い》いたくないけど、自分《じぶん》だけ仲間《なかま》はずれになるのはいやだ
何《なん》でこんなこと言《い》うんだろう。ちょっとちがうんじゃないかな。でもとりあえず合《あ》わせておこう
……
らんぼうな言葉《ことば》をつかうとかっこいいなあ
何《なん》でそんないじわる言《い》うの？
うっ……
星
本当《ほんとう》は悪口《わるくち》を言《い》いたくないと思《おも》っている子《こ》なら、あなたみたいな子《こ》と出会《であ》って、「やっぱり悪《わる》いことだからやめておこう」と思《おも》うようになるかもしれません
やっぱり……？
ホントそう……
……かっこよくない？
そうすればつきあえることもあるかもしれないね

それでもみんな悪口《わるくち》をやめないなら、別《べつ》に無理《むり》してつきあわなくてもいいと思《おも》います
……
ちぇっ
友《とも》だちというのは、いっしょにいて楽《たの》しいから友《とも》だちなのであって、いやな思《おも》いをしたり、きずついたりするだけなら、それは友《とも》だちとはいえないよね
いっしょにいることでよけいにいやな思《おも》いをするぐらいなら、今《いま》は無理《むり》して遊《あそ》ばなくてもいいと思《おも》います
だけど、世《よ》の中《なか》そんな子《こ》ばかりじゃないし、
これから生《い》きていくうちに同《おな》じ価値観《かちかん》を持《も》った人《ひと》に必《かなら》ず出会《であ》います
私もああいうのは好きじゃないよ
そういう人《ひと》と、また友《とも》だちになればいいんじゃないかな

まとめ

世《よ》の中《なか》には
よい人間《にんげん》と
悪《わる》い人間《にんげん》の
2種類《しゅるい》がある
わけではなく

だれにでも、
悪《わる》いとわかって
いても、言《い》ったり
やったりしたくなる
心《こころ》があるのです

成長《せいちょう》とともに
いろんな人《ひと》と
それなりに
上手《じょうず》につき
あえるように
なると思《おも》うよ

しつもん⑤

あいさつは、なぜ大切《たいせつ》なの？

家《いえ》でも学校《がっこう》でも、「ちゃんとあいさつしなさい」って
言《い》われるけれど、めんどうだし、はずかしいです。
どうして、あいさつを
しなくちゃいけないのですか？

ほら、お友《とも》だちに
ちゃんと
あいさつしなさい。
おはようございます!
さくら医院
おとなりさんよ、ごあいさつは?
……おはようございます
行《い》ってらっしゃい
あら……
おばさん、おはようございます
ほらっ、あんたもあいさつしなきゃだめでしょ!
あの子《こ》は気持《きも》ちのいいあいさつができてエライわね
何《なん》だよ、あいさつあいさつって
そんなに大事《だいじ》なこと?
別にいいじゃん

こたえ5

あいさつは、
どうして大事《だいじ》なんだろうって
思《おも》うよね。

じゃあ一度《いちど》、あいさつを
受《う》ける人《ひと》の立場《たちば》で
考《かんが》えてみよう。

実《じつ》は
わたしも、あいさつはそんなに得意《とくい》なほうではありません
てへ
ペロ
考《かんが》えごとをしながら歩《ある》いていたら
あ……
んー!
スタスタ
あいさつをされたのに気《き》づかないで返《かえ》せないことがありました
そうやって返《かえ》せないことが何度《なんど》か続《つづ》いたある日《ひ》
コワイ……
あ……またムシ
焼《や》き肉定食《にくていしょく》……
エビフライ……
なやむ……
最近《さいきん》わたしさけられてますよね
わたしのことをきらいになったのかと思《おも》いました
えーっ
相手《あいて》は自分《じぶん》のことをこんなふうに思《おも》っているってわかってショックを受《う》けたことがあったんだ
全っ然そんなつもりないのに!!

あなたも逆《ぎゃく》の立場《たちば》で考《かんが》えてみたらどうかな
あ、仲《なか》よしのよし君《くん》だ
ペラ ペラ
ペラ ペラ
おーい、よし君《くん》、おはよう！
ペラ ペラ
ガーン
あはははは
スタ スタ
あれ？むしされた？
？
ぼく何《なに》か悪《わる》いことしたっけ……？
？
あいさつが返《かえ》されないとこんな気持《きも》ちになるんじゃないかな

さっきはおしゃべりに夢中《むちゅう》になってて気《き》がつかなかっただけだよね
スッ
今度《こんど》は、あいさつしてくれるよね
♪
ガーーン!!
すーーっ
……
こんなことが続《つづ》くと不安《ふあん》な気持《きも》ちが大《おお》きくなってギクシャクしてしまうよね
やっぱりむしされた。どうして!? もしかしておこってるのかな!!
よし君《くん》とは終《お》わった……
チーーン……
?
考えごとをしていただけ

ここがポイント
あいさつをしないでいるとそれだけで、むしされているみとめられていないきらわれている
そういうメッセージを知《し》らず知《し》らずのうちに相手《あいて》に伝《つた》えてしまっていることがあるんだよ
ハイ受け取りました
きらわれているんだ……
もう話《はな》しかけるのよそう
そんなことないのに！
では、あいさつをされたら、どんな気持《きも》ちになるかな
気《き》づかなくてごめん
ニッコリ
たく、おはよう！
おはようよし君《くん》
ほんわか。
ほわ〜ん。

あなたのことが好きですよ
伝わった！
うれしい！
こんな気持《きも》ちが伝《つた》わってきませんか
あれこれむずかしい言葉《ことば》をつかわなくても
おはよう
こんにちは
さようなら
あいさつはそういう気持《きも》ちを一言《ひとこと》で伝《つた》えられる、とってもおとくな言葉《ことば》なのです
相手《あいて》が喜《よろこ》ぶと、自分《じぶん》もうれしいし、自分《じぶん》がうれしいと、また相手《あいて》も喜《よろこ》ぶ
おはよー♪
おはよー
いっしょに遊《あそ》ぼー
おっはよー
おはようございます
おはよう
あいさつをするだけで、人間関係《にんげんかんけい》がよくなっていきます

「あいさつなんか、めんどうくさい」「ばかばかしい」という気持《きも》ちもわかるけれど、まずは一言《ひとこと》「おはよう」と声《こえ》をかけてみてください
おはようございます！
あら、たくちゃん。おはよう
おはよう
さわやか〜
いい朝〜
おはよう！
おはよう!!
おはようございます
おはよう！
おはよう
あいさつはみんなを元気《げんき》にしています
おはよー

まとめ

あいさつは、たった一言《ひとこと》で
あなたのことが大切《たいせつ》
というメッセージを
伝《つた》える
すてきな言葉《ことば》

しつもん⑥

3人《にん》組《ぐみ》になると、仲間《なかま》はずれができるのはどうして？

1人《ひとり》ひとりはやさしいのに、3人《にん》になると、わたしだけ仲間《なかま》はずれになります。2人《ふたり》でヒソヒソ話《ばなし》をしたり、笑《わら》いながらわたしの悪口《わるくち》を言《い》ったりしています。どうして3人《にん》だと、うまくいかないのかなと思《おも》います。

3人《にん》グループって
むずかしい
1人《ひとり》ずつだと
うまく遊《あそ》べるのに
3人《にん》になると
Aちゃん
オニ
やってよ
えー
やだー
いいじゃん
いいじゃん
2人《ふたり》が団結《だんけつ》して
わたし1人《ひとり》になる
Aちゃん
ってさ……
ヒソ
ヒソ
あははは
クス
クス
またわたしの
悪口言ってる……
どうすれば
3人《にん》で仲《なか》よく
遊《あそ》べるんだ
ろう……
きゃ
きゃ
ポツン

こたえ⑥

う～ん、
これはなやんでいる子《こ》が
多《おお》い質問《しつもん》ですね。

どうしたらいいか、
いっしょに考《かんが》えてみましょう

3人組《にんぐみ》というのはどうしても、二対一《にたいいち》になりがちです
あれ、また2人《ふたり》いっしょにいる……
男子《だんし》ならこんな感《かん》じですが……
あ、たけしとけんたが楽《たの》しそう
がははははは
おーい何《なん》の話《はなし》してるの？ぼくも入《い》れてー♪
女子《じょし》の3人組《にんぐみ》というのはやはり特《とく》にむずかしい！
2人《ふたり》あんなに楽《たの》しそう
わたしが入《はい》らないほうがいいのかな
わたしよりあの子《こ》のほうが好《す》きなのかな
わたしはCちゃんのこと好《す》きだけどCちゃんはわたしのことどう思《おも》ってるんだろう
ドロドロ
Aちゃんより Bちゃんのほうが好《す》き
ドロドロ
Cちゃんに、わたしのことをいちばん好《す》きになってもらいたい
Cちゃん
両思い
Aちゃん
Bちゃん

3人組《にんぐみ》でうまくいかないときは
まずは3人《にん》の関係《かんけい》をじっくり観察《かんさつ》してみよう
3人《にん》の中《なか》に、実《じつ》はそれをビミョウに仕切《しき》ってる子《こ》がいることがあります
Aちゃんがあなたのことをわがままだって言《い》ってたよ
わたしが言ってたってないしょね
うそーーっ
仲《なか》よくしてたのに許《ゆる》せない!!
もうAちゃんなんてきらい!!
Aちゃんってそういうところあるよね。わかるわかる
プンプン
団結
ポツン……
Aちゃんのことをこんなふうに言《い》っておきながら、うらではこんなことを言《い》っています
Bちゃんがあなたの悪口《わるくち》言ってたけど、わたしはあなたの味方《みかた》だからね
ひどい!!
そんなこと言《い》うなんて信《しん》じられない!!
ムカツク!!
わたしには何《なん》でも話《はな》してくれていいからね
かわいそう
うんうん
これでわたしはどちらからも信用《しんよう》されている
ポツン……
こうして、1人《ひとり》の子《こ》が3人《にん》の仲《なか》をコントロールしていることがあります
いっしょに遊《あそ》ぼう!!
急《きゅう》にやさしくなった……

どうして
こんなことを
するのでしょう
みんなで
仲《なか》よく
遊《あそ》びたいのに……
例《たと》えばそんなことをする子《こ》は
お母《かあ》さん
ただいまー！
おやつ何《なに》ー!?
うるさいわねっ
いそがしいんだから話《はな》しかけないでよっ
家《いえ》で親《おや》に構《かま》ってもらえず
ママ〜
さびしい気持《きも》ちを友《とも》だちにぶつけていることがあったりします
悪口を言ってたのはCちゃんだったのか〜!!
わがまま
わがまま
わがまま
ふり回される
小《ちい》さいときにじゅうぶん親《おや》にあまえられなかった子《こ》は、友《とも》だち関係《かんけい》でもトラブルが多《おお》くなりがちです
ひとりぼっちにされて悲《かな》しい思《おも》いもしたけれど
わたしが悪《わる》かったんじゃなく、
相手《あいて》の問題《もんだい》だったのね
な〜んだ
さて、ではこの3人組《にんぐみ》をどうしていくかなんだけど……

ここがポイント
自分《じぶん》の気持《きも》ちをちゃんと伝《つた》える
それでわかってくれるならつきあうし、わかってくれないなら、はなれる。そういうふうに、ちょっと割《わ》り切《き》って考《かんが》えたらいいいかもね
もうわたしのこと仲間《なかま》はずれにするのはやめて
これからは3人《にん》で仲《なか》よくしようよ！
アレ、こんなにハッキリ言《い》う子《こ》だったっけ……
うん、そうだね
ちょっと悪《わる》かったな……
ごめんね
これでわかってくれるならつきあうし
やっぱり同《おな》じことのくり返《かえ》しならこの3人《にん》でいっしょになるのはもうやめよう

ここで知《し》っておいてほしいのは、実《じつ》はほかの2人《ふたり》も、「自分《じぶん》だけ仲間《なかま》はずれにされるんじゃないか」という不安《ふあん》を持《も》っていることです
1人《ひとり》になるのはいやだ……
今度《こんど》は自分《じぶん》の番《ばん》かも……
だから自分《じぶん》が安心《あんしん》するために「手《て》を組《く》んでいこう!」という感《かん》じで、仲間《なかま》はずれを作《つく》っていることが多《おお》いのです
手《て》を組《く》もう!!
がっ
そうすれば安心《あんしん》!
ここがポイント
1人《ひとり》になるとやさしいわけだから
一対一《いちたいいち》になったときに、「3人《にん》で仲《なか》よくしよう」と、どちらの子《こ》にも話《はなし》をするようにしてみてください
自分《じぶん》だけ仲間《なかま》はずれにされる不安《ふあん》がなくなれば、わざわざ2人組《ふたりぐみ》を作《つく》る必要《ひつよう》も、なくなるんじゃないかと思《おも》います
だれか1人《ひとり》を仲間《なかま》はずれにしないようにしよう
ちょっと悪《わる》かったな
わたしもしないからあなたもしないでね
自分《じぶん》が仲間《なかま》はずれにならないのなら……

それでも明《あき》らかに
自分《じぶん》だけが
のけ者《もの》にされたら……
やっぱり
こうなるのか
遊ぼう!!
やっぱりこのメンバー
だと、うまくいかない
んだ
うん
わかった
これはもう
あいしょうが
合《あ》わないんだ
一対一《いちたいいち》ではつきあうけれど
その2人《ふたり》がいっしょに
いるときは
入《はい》っていかない
おはよー
もう
あきらめよう
ほかに友だちが
いないわけじゃない
というようにしても
いいんじゃないかと
思《おも》います
ここがポイント

まとめ

自分《じぶん》の気持《きも》ちを
伝《つた》えてみよう。
わかってくれるなら
つきあうし、それでも
いじわるされたら
あいしょうが合《あ》わない
のかもしれないね

しつもん⑦

暴力《ぼうりょく》をふるう子《こ》がいて、本当《ほんとう》にいや

いつもすれちがいざまに、
たたいたり、けったりしてくる子《こ》がいる。
できるだけ近《ちか》づかないようにしているけど、
つかまるとイタイ目《め》にあうから、本当《ほんとう》にいや。

あいつ
マジ苦手《にがて》
やめろよっ
ぐるぐるパーーンチ!!
この間《あいだ》もろう下《か》歩《ある》いていたらいきなり
ドロップキーーック
ドッ
ガッ
何《なん》でぼくが!?
とにかくらんぼう
思い出しいかり
ムカッ
暴力《ぼうりょく》はよくないよ。やめなよ
何《なん》だコイツ!!
あぁんっ!?
あっぼくのすいとう……!!
正義《せいぎ》の味方《みかた》にでもなったつもりか!
生意気《なまいき》だ!!
ガン
ガン
えいっ!!
ああっ
手《て》かげんしないらんぼうな子《こ》が本《ほん》っ当《とう》にヤダ!
わははは
成敗《せいばい》してくれるわー!!
プカ〜

こたえ⑦

それは、本当《ほんとう》にイヤな気持《きも》ち
になるのもわかるよ。

どうして、らんぼうなことを
するんだろう……

すれちがいざまに
けってくるなんて、
ひどいよね
ドカ
っっ
暴力《ぼうりょく》というのは、
どんな理由《りゆう》が
あっても
よくないと
思《おも》います
そうだ
そうだ!!
まして、何《なに》も悪《わる》いことをして
いない人《ひと》を、いきなりたたい
たり、けったりするのは、
許《ゆる》されることではないし
そうだ
そうだ
やめてもらわ
ないといけない
と思《おも》います
ただ、らんぼうな子《こ》といっても、
わたしは2とおりあると思《おも》っています
ちょおーっ
1つは、あまり悪気《わるぎ》はなくて、軽《かる》い
ちょっかいのつもりでやってくる子《こ》
そういう子《こ》は、こちらがそれほどいたい
思《おも》いや、いやな思《おも》いをしている
とは思《おも》っていないから、そのたびに
そんなことは
しないで!!
やめてほしい!
ストップ
と重《かさ》ねて伝《つた》えていけば、意外《いがい》と
すぐにおさまるかもしれません

もう1つは、相手《あいて》がいやがっているとわかっていて、わざとやってくる子《こ》
そういう子《こ》は、仕返《しかえ》ししてきたり、言《い》い返《かえ》すと、おもしろがって、よけいにひどくなったりするからやっかいです
けりっ
けりっ
いたっ! やめてよ
えー 何《なに》ー? 聞《き》こえない――!!
でも、1人《ひとり》でがまんしないでほしい
ドカッ
ドカ
ドカ
だって、そういう子《こ》にとっていちばんつごうがいいのは
「やられてもだれにも言わず、ひたすらがまんする子」
だからです

あ〜ら、ごめんなさ〜い
べちゃ
あ――!!
あーゆーのがいちばん、いじめて楽《たの》しい!!
にげにげ
キシシシシ…
ビクビク
解決《かいけつ》するには、学校《がっこう》の先生《せんせい》の力《ちから》が必要《ひつよう》です
どういうことがありましたか
ドキッ
親《おや》から言《い》ってもらってもいいし、ほかに同《おな》じ目《め》にあっている子《こ》がいれば、いっしょに相談《そうだん》できれば心強《こころづよ》いね
ひどい！
ゆるせないよね!!
それでもまたひどいことをされるようなら「仕返《しかえ》しされました」って、また先生《せんせい》に言《い》えばいい
何度《なんど》も言《い》っていくうちに、そのうちやらないようになってくるよ

あ〜ら、ごめんなさぁ〜い♪
いたっ！
チッ
先生《せんせい》ー!! たけし君《くん》がけってきま――す!!
…
てめえ、よくも先生《せんせい》にチクッたな
後《あと》で10倍返《ばいがえ》ししてやるからな、覚《おぼ》えとけ
ヒソヒソ
先生《せんせい》――!! たけし君《くん》が、チクッたから後《あと》で10倍返《ばいがえ》しって言《い》ってま――す!!
こーゆーやつがいちばんめんどくさい
関《かか》わらないようにしよう
コラ！
これは、大人《おとな》のコワイ人《ひと》たちの世界《せかい》を考《かんが》えてみればわかると思《おも》います
金《かね》出《だ》せや、ゴラァ
おとなしく出《だ》せば何《なに》もしないからよ
ヒィィィ……

ずい分《ぶん》聞《き》き分《わ》けがいいじゃないか
それからわかってるな
このことはけいさつには言《い》うんじゃねぇぞ
もし、言《い》ったことがバレてみろ
この店《みせ》に火《ひ》がつくぜ
ヒィィ
この店《みせ》がかわいかったら
だまってるんだな
こういうコワイ人《ひと》たちにとって、いちばんのターゲットになるのは
ガタガタ
だまってしまう人《ひと》です
けいさつに言《い》ったらたいへんなことになる、というのを本気《ほんき》にしてだまってしまうと、どんどんお金《かね》を取《と》られます
まだあるんだろ!! さっさと持《も》ってこい!!
ひいっ もうかんべんしてください

オラオラ
また取《と》りに来《き》て
やったぞ
金《かね》は用意《ようい》できてるな
けいさつにれんらくした。こうしている間《あいだ》にもけいさつが取《と》りおさえに来《く》るぞ。早《はや》くにげたほうが身《み》のためなんじゃないかな
何《なん》だと――!!
デタラメ言《い》いやがって
ドカッ
コノヤロー
ただですむと思《おも》うなよ!!
デタラメじゃない。器物《きぶつ》そんかい罪《ざい》で、今《いま》のその行《こう》いも罪《つみ》が重《おも》くなるぞ
クソ～
覚《おぼ》えてやがれー
覚《おぼ》えてやがれー
けいさつに言《い》ったとわかれば、そのときはボロクソ言《い》っても、それ以来《いらい》、二度《にど》と来《こ》なくなることが多《おお》いです
フウ……
やっぱり、だれもけいさつにはつかまりたくないからね
何《なに》があっても、暴力《ぼうりょく》をふるわれていい子《こ》なんて1人《ひとり》もいない
そう!
なやんだら、周《まわ》りの大人《おとな》に相談《そうだん》してみよう

まとめ

暴力《ぼうりょく》は絶対《ぜったい》に許《ゆる》されないこと

口《くち》で言《い》ってもわからない相手《あいて》なら、何回《なんかい》でも大人《おとな》に伝《つた》えよう

しつもん⑧

どうしたら、いやなことは「いやだ」って、断《ことわ》れる？

友《とも》だちから
「その消《け》しゴムちょうだい」とか、
「このカードと交《こう》かんしよう」と言《い》われると、
本当《ほんとう》はあげたくないときでも、
いやだと言《い》えません。

いいな～
この消《け》しゴム
ちょうだい!!
え――
いいじゃんいいじゃん♪
一生感謝《いっしょうかんしゃ》するからさ！
あ……
いいな～～、そのカード貸《か》して
最強じゃん
えー　またーっ、
ぼくだって使《つか》ってるのに……
そんなケチなこと言《い》わないでさ
1回《かい》だけでいいから、オレにもいい気分《きぶん》味《あじ》わわせてよ
♪
かわりにコレ貸してあげる♪
いらん……
本当《ほんとう》はいやなのに断《ことわ》れない
ヤッフー！　また勝ったー
ずーっと返してくれない……
断《ことわ》る勇気《ゆうき》もないし、どうしたらいいですか？

こたえ⑧

いやだって言《い》いにくいこと、
わたしにもありますね。
断《ことわ》る練習《れんしゅう》をすると、
うまくいくかも……

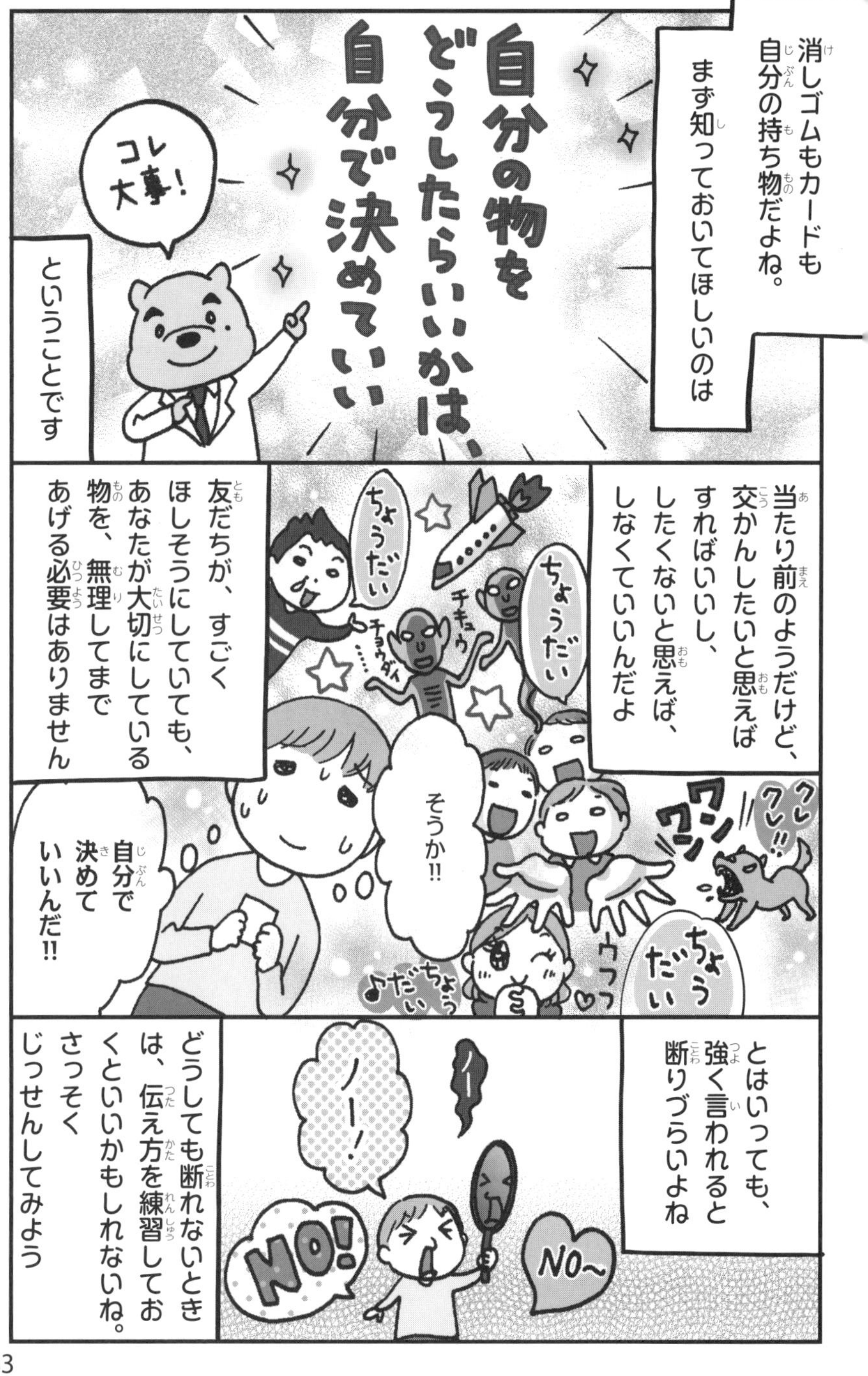
消《け》しゴムもカードも自分《じぶん》の持《も》ち物《もの》だよね。まず知《し》っておいてほしいのは
自分の物をどうしたらいいかは、自分で決めていい
コレ大事！
ということです
当《あ》たり前《まえ》のようだけど、交《こう》かんしたいと思《おも》えばすればいいし、したくないと思《おも》えば、しなくていいんだよ
ちょうだい
ちょうだい
チキュウ
友《とも》だちが、すごくほしそうにしていても、あなたが大切《たいせつ》にしている物《もの》を、無理《むり》してまであげる必要《ひつよう》はありません
クレクレ!!
ワンワン
そうか!!
ちょうだい
ウフフ
ちょうだい♪
自分《じぶん》で決《き》めていいんだ!!
とはいっても、強《つよ》く言《い》われると断《ことわ》りづらいよね
ノー！
NO!
NO~
どうしても断《ことわ》れないときは、伝《つた》え方《かた》を練習《れんしゅう》しておくといいかもしれないね。さっそくじっせんしてみよう

Lesson 1
ずっと大切《たいせつ》にしてきたレアなカードを、そんなにかちのないカードと交《こう》かんしてほしいと言《い》われたとき、あなたはどんな言《い》い方《かた》をしますか
これちょうだい
えーっ
あげたくない
① いやだと思《おも》ったけど、何《なに》も言《い》えずに交《こう》かんしてしまう
え――……
い、いいけど……
やったぁ!!
② おこる
だれがそんないいカードをやるか!!
ずうずうしいやつだな!
返《かえ》せっドロボー
バカかっ
③ 代《か》わりの提案《ていあん》をする
交《こう》かんするとしたら
そのカード5枚《まい》とならいいよ
むむっ
④ 正直《しょうじき》に自分《じぶん》の気持《きも》ちを伝《つた》える
悪《わる》いけどぼくも大切《たいせつ》にしているカードだからあげたくないんだ。
ごめんね
ちえっ

OKな言《い》い方《かた》は③と④

③自分《じぶん》の気持《きも》ちをゆうせんしつつ、相手《あいて》への気配《きくば》りをわすれていないよい言《い》い方《かた》です。

④自分《じぶん》の気持《きも》ちを正直《しょうじき》に伝《つた》えながら、自分《じぶん》も、相手《あいて》も大切《たいせつ》にしている言《い》い方《かた》です。

もう一歩な言《い》い方《かた》は①と②

①相手《あいて》の言《い》うままになって、自分《じぶん》の気持《きも》ちがまったく大《だい》事《じ》にされていません

②自分《じぶん》の気持《きも》ちは、ハッキリ言《い》いますが、相手《あいて》のことはお構《かま》いなしです

Lesson 2

ブランコで遊《あそ》んでいたら「早《はや》くかわれ!」と強《つよ》い口調《くちょう》で言《い》われたとき、あなたは……
早《はや》く次《つぎ》かわれよ!!
えーっ! 今《いま》始《はじ》めたばっかりなのに

① おこってむしをする
かーわーれっ かーわーれっ
ツン
ふーんだ
② 提案する
30回だな!
あと30回《かい》やったらかわるよ

③ 何《なに》も言《い》わずにかわる

④ 自分《じぶん》の気持《きも》ちを伝《つた》える

OK な言《い》い方《かた》は ②と④

②自分《じぶん》の気持《きも》ちを大切《たいせつ》にしつつ、相手《あいて》の気持《きも》ちも考《かんが》えています。このような言《い》い方《かた》はグッドです

④自分《じぶん》の意見《いけん》を言《い》いつつ、相手《あいて》の言《い》うことに、できるはんいで合《あ》わせようという言《い》い方《かた》です

もう一歩 な言《い》い方《かた》は ①と③

①自分《じぶん》の気持《きも》ちをゆうせんさせていますが、相手《あいて》の言《い》い分《ぶん》をむししています

③自分《じぶん》の気持《きも》ちを言《い》えていません。こういうことが続《つづ》くと苦《くる》しくなります

Lesson 3

遊《あそ》べないと断《ことわ》っているのに、あまりにもしつこくさそってくるとき、あなたは……

OK な言《い》い方《かた》は ①と④

①自分《じぶん》の意見《いけん》を通《とお》しながら相手《あいて》の希望《きぼう》にそうことも考《かんが》えていて、自分《じぶん》も相手《あいて》も大切《たいせつ》にしています

④自分《じぶん》の意見《いけん》をしっかり伝《つた》え、同時《どうじ》に、相手《あいて》を思《おも》いやった言《い》い方《かた》です。とてもいいです

もう一歩 な言《い》い方《かた》は ②と③

②自分《じぶん》の気持《きも》ちがまったく大事《だいじ》にされていません。これではつかれてしまいます

③ハッキリと自分《じぶん》の気持《きも》ちは伝《つた》えていますが、相手《あいて》の気持《きも》ちを考《かんが》えていないので、このあと関係《かんけい》が悪《わる》くなるかもしれません

はじめから上手《じょうず》にできなくてもだいじょうぶ
やったネ!
うまく断《ことわ》れなかった……
今度同《こんどおな》じことがあったらこういう言《い》い方《かた》をしよう
ブツ
ブツ
あげられないよ。ごめんね
言《い》えた!!
練習《れんしゅう》するうちに、だんだんできるようになるよ
何《なん》でも相手《あいて》に合《あ》わせるのではなく、また、自分《じぶん》の主張《しゅちょう》だけをするのでもなく、自分《じぶん》の気持《きも》ちをよく考《かんが》えながら、相手《あいて》への心配《こころくば》りもできる言《い》い方《かた》を、いろんなパターンを想定《そうてい》して、練習《れんしゅう》してみよう
これやって〜
席かわって〜!
取ってきて〜
えーっと
あれやって〜
先生よんできて〜
あなたはこの係やって〜
これ貸して〜
ちょうだい〜
また、どうしても言《い》えない相手《あいて》や、聞《き》く耳《みみ》を持《も》たない相手《あいて》の場合《ばあい》は
おまえのモノはオレのモノだろ?
ちょっとお金が足りないんだよ
1人《ひとり》でなやまず、大人《おとな》の人《ひと》に相談《そうだん》しよう

まとめ

自分《じぶん》の物《もの》をどうするかは
自分《じぶん》で決《き》めていい

相手《あいて》をきずつけない
断《ことわ》り方《かた》を
練習《れんしゅう》してみよう

しつもん⑨

どうして、平気《へいき》で約束《やくそく》を破《やぶ》る子《こ》がいるの

「○○ちゃんのたん生日《じょうび》に、いっしょにプレゼントをわたそうね」って約束《やくそく》したのに、友《とも》だちが待《ま》ち合《あ》わせ場所《ばしょ》に来《き》ませんでした。ずっと待《ま》っていたのに、すごいショック。どうして約束《やくそく》を守《まも》らないんだろうと思《おも》います。

日曜日《にちようび》は
ゆうこちゃんの
たん生日《じょうび》
ワクワク
ワクワク
友《とも》だちといっしょに
プレゼントを家《いえ》に
持《も》っていって
びっくりさせる
計画《けいかく》を立《た》てています
じゃあ1時半《じはん》に学校《がっこう》でね！
うんっ楽《たの》しみだね!!
ゆうこちゃんびっくりするだろうなぁ……
わあっ
おめでとう!!
ワクワク
ワクワク
あれ、あこちゃんまだかな……
わたしが早《はや》く着《つ》きすぎたのかな……
1時半
過ぎちゃったよ
わーんっ
あこちゃんが来《こ》なかった——!!
うらぎられた——!!
あらあら

こたえ⑨

約束《やくそく》は、
大人《おとな》になっても、
とっても大切《たいせつ》です。

世《よ》の中《なか》は、約束《やくそく》で
成《な》り立《た》っているから……

約束《やくそく》したのに
来《こ》なかったなんて、
それはショックだと思《おも》います
ただ、約束《やくそく》といっても、
「必《かなら》ず守《まも》らなければならない」と
思《おも》う子《こ》と、
「ちょっとくらい
守《まも》れなくてもいいや」と
思《おも》う子《こ》と、いろいろあります
約束《やくそく》の考《かんが》え方《かた》は、人《ひと》それぞれちがいます
どんなことがあっても
必《かなら》ず守《まも》る!!
ビョオオオ
強い
約束は 死んでも守るもの
守って当然
もう1時!!
待ち合わせにおくれたらめいわくかけちゃう!
急がなきゃ!!
できたら守る
おもしろいテレビやってる
でも友だちと約束してるしどうしようかなー
どうでもいい
あれ、ねちゃったみたい
やっぱり行けなかったな……
弱い
約束を守ろうという気持ち

あなたはおそらく、約束《やくそく》は必《かなら》ず守《まも》ろうとする子《こ》だと思《おも》います
おかえり！ 今日《きょう》いっしょに出《で》かけない？
今日《きょう》はダメなの
友《とも》だちと約束《やくそく》してるんだ!!
洋服《ようふく》ほしがってたでしょう
だけど中《なか》には、「予定《よてい》が変《か》わったから、行《い》かなくてもいいや」と、軽《かる》く考《かんが》えてしまう子《こ》もいます
新《あたら》しいくつ買《か》ってあげるから買《か》い物《もの》に行《い》こうか
やったぁ♡
ゆうこちゃんの家《いえ》も行《い》きたかったけどくつのほうがいいや！
これは、ちゃんと教《おし》えられていない、ということもあるし、その子《こ》の性格《せいかく》もあると思《おも》います
あっけらかん
ま、いーや
明日あやまればゆるしてくれるよね！
約束《やくそく》の考《かんが》え方《かた》は人《ひと》それぞれちがうんだね
もちろん、大人《おとな》になって約束《やくそく》を破《やぶ》っていたら、信用《しんよう》されなくなるし、仕事《しごと》もクビになってしまいます
ブロロロロロ…
わー ねぼうした〜！
バスが行っちゃった〜
ハアハア、おはようございます。……ってアレ、会議《かいぎ》、今日《きょう》でしたっけ？

ガミガミガミガミガミガミ
すみません。
すみません
これからは目覚《めざ》まし時計《どけい》をかけて絶対《ぜったい》にちこくしないようにしよう。スケジュールは手帳《てちょう》に記入《きにゅう》しよう
だから、いやでも約束《やくそく》は守《まも》るようになっていくけれど
子《こ》どものうちは、成長《せいちょう》の早《はや》い子《こ》もいれば、そうでない子《こ》もいるように
約束《やくそく》も、大人《おとな》なみにきちんと守《まも》る子《こ》もいれば、まだまだそこまでいっていない子《こ》もあります
必ず10分前にはとう着していよう!!
ダッシュ
明日学校であやまればいいや!
3歩《ぽ》歩《ある》いたら
わすれた
夢中《むちゅう》になっていたらわすれた
約束
今やりたいこと
こっちが優先♪
どうしてきのう、わたしとの約束破《やくそくやぶ》ったの!?
ずっと待《ま》ってたんだよ。ひどいよ!!
何《なん》でこんなにおこっているんだろう。そんなにおこること?
少《すく》なくとも、あなたをきらいになったからではないし、悪気《わるぎ》があるわけでもないと思《おも》うよ

また、物事《ものごと》の受《う》け取《と》り方《かた》には10言《い》って、100受《う》け取《と》る子《こ》もいれば、10言《い》っても、1しか受《う》け取《と》らない子《こ》もいます
ほーしい
伝える
1
オッケ〜♪
よーし しっかり やるぞ!!
100
この友《とも》だちは、約束《やくそく》といっても、10言《い》って1しか受《う》け取《と》らないのだから、10倍《ばい》は言《い》う必要《ひつよう》があるということだね
はい はーい
絶対《ぜったい》だよ!!
も〜 わかったよ〜♪
オッケ〜♪
本当《ほんとう》にわかってる!?
たのんだよ!
きっとだよ!
約束《やくそく》だよ!
来《こ》なかったら泣《な》いちゃうから!
あれだけ言《い》ったんだからだいじょうぶだろう……
ふう…… しっかり伝えたぞ!
これくらいわかった!
1

「絶対《ぜったい》、約束《やくそく》だよ」とか
「もし来《こ》なかったら、わたしはすごいショックなんだからね」
「何《なに》かあったられんらくしてね」
ということを、まずはきちんと伝《つた》えよう
ここがポイント
じゃあ1時半《じはん》ね
わかった！
心配《しんぱい》だな……
この間来《あいだこ》なかったから、今度《こんど》はちゃんと来《き》てね！
絶対だよ！
ごめんごめん。今度《こんど》はちゃんと守《まも》るよ
もし何《なに》かあったら必《かなら》ず電話《でんわ》してね。わたしは1時《じ》に家《いえ》を出《で》るから、それより前《まえ》にだよ
うん、わかった
わたし、すごく楽《たの》しみにしてるから、絶対《ぜったい》来《き》てね！
1人《ひとり》で待《ま》ってるのはイヤだからね！
……う、うん。わかった

それでも、何度《なんど》も破《やぶ》る子《こ》は
ミーン
ミン
ミーン
ミン
やっぱり来なかった
ミーン
ミーン
ミーン
ミーン
まだ約束《やくそく》ができない子《こ》だと思《おも》って、あまり約束《やくそく》はしないことです
遊《あそ》べるときは遊《あそ》ぶけれど、先《さき》の約束《やくそく》はせず「つごうが合《あ》えば遊《あそ》ぶ」ということにしたらどうかな
あの子《こ》は約束《やくそく》がムリなんだ
ゴメーン
これからは、約束《やくそく》はしないで、学校《がっこう》だけで遊《あそ》ぶしかない
友《とも》だちが約束《やくそく》を破《やぶ》ってショックだと思《おも》うのは、それだけ、あなたにとって約束《やくそく》は大事《だいじ》で、守《まも》ることが当《あ》たり前《まえ》だと思《おも》っているからです
それはとてもすばらしいことです
ぜひその気持《きも》ちを大事《だいじ》にしてください
わたしは約束《やくそく》を大事《だいじ》にするんだ！

まとめ

約束《やくそく》といっても、
深《ふか》く受《う》け止《と》める人《ひと》と、
軽《かる》く考《かんが》える人《ひと》と、
いろいろある

約束《やくそく》を守《まも》れるということは
すばらしいことだよね

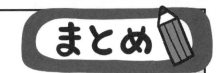

しつもん⑩

どうして、勉《べん》強《きょう》をしなければならないの？

ぼくは勉強《べんきょう》がきらいです。
テストの点数《てんすう》もあまりよくありません。
どうして子《こ》どもは、学校《がっこう》で勉強《べんきょう》をしなければいけないのですか？

……
28
ぼくは勉強《べんきょう》がきらいです
好《す》きなのは給食《きゅうしょく》と休《やす》み時間《じかん》
授業《じゅぎょう》も全然《ぜんぜん》楽《たの》しくありません
勉強《べんきょう》がなければ学校《がっこう》は楽《たの》しいのに……
大人《おとな》は勉強《べんきょう》しなくてもよくていいなあといつも思《おも》います
ポテチ
何《なん》で子《こ》どもは勉強《べんきょう》をしなくちゃいけないんだろう……
宿題《しゅくだい》
宿題《しゅくだい》!

こたえ10

もしかしたら、
「勉強《べんきょう》しなさい！」って言《い》ってる
お母《かあ》さん自身《じしん》も、勉強《べんきょう》がきらいだった
かもしれないよ。

ちょっと見方《みかた》を変《か》えると
どうかな……

勉強《べんきょう》がきらいな人《ひと》は多《おお》いよね
好き！
好きじゃない
というよりも、勉強《べんきょう》が好《す》きな人って、どのくらいいるのかな
計算《けいさん》がいっぱいならんでいるだけで、いやになるし
名前
1.9×0.3＝
3.2×0.5＝
1.2×0.6＝
(3) 1.2×0.0
(4) 3.5×
(5) 5.3×
(6) 8.2×
1.5×
漢字《かんじ》を覚《おぼ》えるのもめんどう
護
額
易
義
災
拡
潔
減
群
わからない問題《もんだい》があると、ますますきらいになってしまいます
(式)
(2) 幸子さんの市の小学生の数は8193人
これは市の人口の0.008倍にあたる人数
市の人口は何人でしょう
(式)
【答え】(
まっ白
でも、実《じつ》は、勉強《べんきょう》というのは本来《ほんらい》楽《たの》しいものなのです

敵《てき》をたおしたり、なぞを解《と》いたりして、次々《つぎつぎ》と課題《かだい》をクリアしていくゲームは楽《たの》しいよね。
それと同《おな》じように、勉強《べんきょう》も、わからなかったことを知《し》り、できなかったことができるようになっていく道《みち》のりです
たたかう
にげる
敵が現れた
そういうことか!
やり方がわかったぞ! これで分数の問題はだいじょうぶだ!!
自分《じぶん》の力《ちから》がレベルアップし、どんどん新《あたら》しい世界《せかい》にチャレンジできるなんて、わくわくするよね
小数もクリア! 次のステージもクリアしてみせるぞ!!
あいつ最近スゴイな
キャ〜 かっこいい〜♡
たよれるわ〜♡
兵士から騎士へ昇格
それなのに勉強《べんきょう》がきらいになったのはちゃんとわかるように教《おし》えてもらっていないか、人《ひと》と比《くら》べられるのがいやなだけかもしれません
ほらそこ! またまちがえてる!
何度言ったらわかるの!!
親せきのこうたくんはいつも100点なのよ!!
ビクビク

では、どうしたら勉強《べんきょう》ができるようになるか、コツを教《おし》えちゃうよ！
1 苦手科目《にがてかもく》は後回《あとまわ》し、得意《とくい》なものから始《はじ》める
あーあ、やる気《き》しないなあ
算数《さんすう》いやだなあ
算
ポイッ
い〜のい〜の、苦手《にがて》なのは後回《あとまわ》しで
自分《じぶん》の好《す》きな科目《かもく》から始《はじ》めるのがコツです！
あ、歴史スキ……
真田幸村ってかっこいいんだよ
大坂の陣ではどんなに金や土地をやると言われても目もくれず、豊臣家への忠誠を最後まで貫き通したんだ
ペラ
ペラ
ペラ
あいつ歴史《れきし》すごいな
歴史《れきし》においてはあいつが1番《ばん》だな
できるようになるって楽《たの》しいな
点数《てんすう》に結《むす》びつくってうれしいな
もっと
もっと！
音楽《おんがく》や図工《ずこう》、体育《たいいく》だって構《かま》わないんですよ。何《なに》か1つ自信《じしん》を持《も》つことが大切《たいせつ》なんです

勉強《べんきょう》っていいな。よーしこの調子《ちょうし》で算数《さんすう》もやっちゃうか
うっ……
むずかしい……
たろうさんの家から学校までは10.42km時速4kmで歩くとなんたらかんたら……
やっぱダメだった……
文章問題《ぶんしょうもんだい》苦手《にがて》……
いいんです！むずかしい問題《もんだい》は後回《あとまわ》しです
わかりそうな問題《もんだい》から先《さき》に始《はじ》めましょう
ハイとばしてとばして！
う、うん……これなら……
おお……計算問題《けいさんもんだい》は結構《けっこう》できるぞ
これならイケるかも……
行《ゆ》きづまってばかりではやる気《き》は起《お》きません。「できた！」という喜《よろこ》びが、やる気《き》につながります
そしてついに……文章問題《ぶんしょうもんだい》をせいは!!
ゴール
ちょあーっ
ウエーッ
ここまでうまくいかなくても、得意科目《とくいかもく》がもっと得意《とくい》になったら今《いま》よりずっと勉強《べんきょう》が楽《たの》しくなりますよ

さて、もう1つのコツは……
② わからないところは先生《せんせい》に聞《き》きに行《い》く
当《あ》たり前《まえ》のようですけどこれがすごくおススメ！
センセー これ 教《おし》えてー
先生《せんせい》は教《おし》えたいいっぱいです
おっ 先生に質問か⁉
うれしい→
こうだからこうなる
わかるか？
——はい
じゃあこの場合《ばあい》はどうなる？
授業《じゅぎょう》でわからなかったことでも一対一《いちたいいち》でていねいに教《おし》えてもらうと、結構《けっこう》わかるものです
わかった……。
すっきり
そうか そうか。
わかってくれて先生《せんせい》うれしいよ
次《つぎ》の日《ひ》
あ、先生《せんせい》
おう！
わからないことがあったらまた聞《き》きに来《こ》いよ！
ぱっ
算数《さんすう》、ちょっとだけ好《す》きになってきた……
先生《せんせい》と仲《なか》よくなると、教《おし》えてもらうのが、おもしろくなってくるかもしれません

③
先生《せんせい》に聞《き》くのがはずかしい場合《ばあい》は友《とも》だちに聞《き》きに行《い》くのもおススメです
？
こんなのもわからないのかって言《い》われたらヤダな……
さとる君《くん》は算数得意《さんすうとくい》だよね
この問題《もんだい》どうやって解《と》くのかわかる？
ああ、これはこの公式《こうしき》に当《あ》てはめればかんたんに解《と》けるよ
ほんとだすごい!!
じゃあ次《つぎ》のは？
これも同《おな》じだよ
さとる君《くん》すごい!!
先生《せんせい》よりわかりやすかったよ!!
またわからないことがあったら聞《き》いてもいい？
えっ
そんなこと言《い》われたの初《はじ》めてだよ。うれしいな。また何《なん》でも聞《き》いてよ
やった！
次《つぎ》に聞《き》かれたときも、ちゃんと答《こた》えられるようにしておこう!!
何《なに》がわからないのかよく聞《き》いておこう!!
ムン ムン ムン ムン
あの2人《ふたり》、最近《さいきん》何かスゴイな……

さて、「勉強《べんきょう》」というのは
国語《こくご》や算数《さんすう》ばかりでは
ありません
73
52
勉強《べんきょう》とは本来《ほんらい》
もっと広《ひろ》いものです
きょうりゅうの名前《なまえ》をたくさん
覚《おぼ》えるのも勉強《べんきょう》だし
クッキー作《づく》りが上手《じょうず》になるのも
勉強《べんきょう》です
人《ひと》と関《かか》わることも、勉強《べんきょう》です
いっしょに遊《あそ》びたいな
ケンカしちゃった……
あんなことは言《い》わないようにしよう
日々《ひび》の生活《せいかつ》、
食《た》べること
これおいしいね！
もりつけかわいい!!
遊《あそ》ぶこと

季節《きせつ》の移《うつ》り変《か》わり
どうして冬はすぐ日がくれるのかな……
動物ってオモシロイ!
お手
動植物《どうしょくぶつ》とのふれあい、
見知《みし》らぬ土地《とち》への旅行《りょこう》、すべてが学《まな》びです
外国……行ってみたいな!
次《つぎ》はうまくやるぞ~!
成績《せいせき》ばかりがあなたのすべてではないのです
つくえの上《うえ》の勉強《べんきょう》につかれたら、少《すこ》し外《そと》に出《で》かけて、深《しん》こきゅうしてみよう
あ
すうっ
いいにおい……
パン屋《や》さんっていいなあ……
どうやったらなれるのかな!
BREAD
世界《せかい》には新《あたら》しい発見《はっけん》が満《み》ちています

スポーツ選手《せんしゅ》になりたい人《ひと》は
スポーツを、歌手《かしゅ》になりたい人《ひと》は
歌《うた》の練習《れんしゅう》に集中《しゅうちゅう》すればいいですが
もしまだしょうらい
なりたいものが
決《き》まっていない人《ひと》は
とりあえず勉強《べんきょう》をがんばることで、いろいろな職業《しょくぎょう》につくチャンスが増《ふ》えると思《おも》います
しょうらいの人生《じんせい》をつくり出《だ》しているのは、今《いま》の自分《じぶん》なのです
どんな自分になろうかな

そういう意味《いみ》で、勉強《べんきょう》というのは、しょうらいの夢《ゆめ》や、自由《じゆう》を手《て》に入《い》れるための「貯金《ちょきん》」といえるかもしれないね
しょうらい何かの役に立つ
チャリン♪
あのとき国語《こくご》の勉強《べんきょう》をしたおかげで……
うーん
15年後
上手《じょうず》に説明《せつめい》できる
こういうわけで
このようになります
わかりやすい!!
あのとき算数《さんすう》の勉強《べんきょう》をしたおかげで……
1ℓ=1000ml
10000000
3.141592
15年後
会社《かいしゃ》の経営《けいえい》ができる
勉強《べんきょう》しておいてよかった
さすがたよりになるわ
かれに任《まか》せておけば安心《あんしん》だ
あのとき英語《えいご》をがんばったおかげで……
ドゥーユーライク……
15年後
外国《がいこく》の友《とも》だちがたくさんできた
AIR MAIL
I ♡ NY

まとめ

勉強《べんきょう》というのは
しょうらいの夢《ゆめ》や、
自由《じゆう》を手《て》に入《い》れるための
「貯金《ちょきん》」のようなもの

勉強《べんきょう》をすることで
未来《みらい》のチャンスが広《ひろ》がるんだ

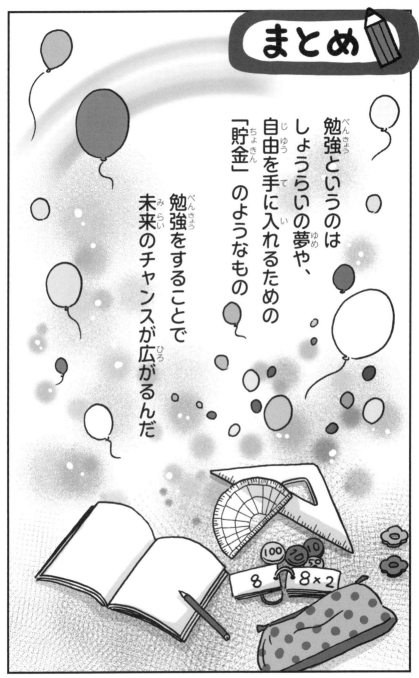

しつもん⑪

きょうだいでも、できる子《こ》のほうが親《おや》はかわいいの？

ぼくのお兄《にい》ちゃんは、親《おや》の言《い》うことをよく聞《き》くし、
頭《あたま》もいいし、かっこいい。
親《おや》は、いつもお兄《にい》ちゃんのじまんばかりします。
だから、ぼくなんて、いなくてもいいのかなって、
時々《ときどき》思《おも》います。

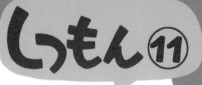

ぼくのお兄《にい》ちゃんは何《なに》をやってもすごいです
学校《がっこう》の成績《せいせき》もいつもトップだし
工作《こうさく》ではいつも賞《しょう》を取《と》る
書道《しょどう》も県《けん》の代表《だいひょう》になるし
自由平等
毎年《まいとし》リレーの選手《せんしゅ》だし
ピアノのばんそうまでする
おまけに顔《かお》もかっこいいです。お母《かあ》さんは、お兄《にい》ちゃんのじまんばっかりで
先生《せんせい》にコンクールをすすめられて……
お兄ちゃん
すごい すごい
お兄ちゃん
ワイ
ワイ
ワイ
お兄ちゃん
みんなからもすごく期待《きたい》されています
それに引《ひ》きかえぼくは勉強《べんきょう》も苦手《にがて》だし
25
人《ひと》にじまんできるようなものも、何《なに》もない
ぼくなんていなくてもいいのかなって時々《ときどき》思《おも》います

こたえ⑪

お兄《にい》ちゃんがうらやましくて、
自分《じぶん》なんか、大事《だいじ》にされていないって、
思《おも》っちゃうことあるよね。
自分《じぶん》のことをふり返《かえ》ってみると、
わかることがあるかも……

お兄《にい》ちゃんが何《なん》でもできると、自分《じぶん》は親《おや》から大事《だいじ》にされていないように思《おも》えてくるのかもしれないね
今日ね！お兄ちゃんがね！
さすがだな
……
でも、本当《ほんとう》にそうでしょうか
そうなんだってば！
お兄《にい》ちゃんまた賞《しょう》取《と》ったんですって？すごいわぁ～
そうなのよぉ～～～
ハイハイ、どうせぼくは出来《でき》の悪《わる》い子《こ》ですよ
お兄《にい》ちゃんみたいに大事《だいじ》にされてないし
今日《きょう》は、じゅくの日《ひ》だから、おにぎり作《つく》っておいたよ
あと何《なに》か食《た》べる？
ありがと
遊《あそ》びに行《い》ってきま～す！
期待《きたい》されてない
べつに、そのほうが気楽《きらく》でいいけどね
ワーワー

ただいま〜
おかえり
早くぬいで
あーっ！ またそんなにどろだらけにして!!
うわあ……きたない
Frog
これ！ ぼくがほしがってた水《すい》とう!! 買《か》ってくれたの!?
そうよ〜
明日《あした》は遠足《えんそく》だもんね〜
お弁当《べんとう》に何《なに》を入《い》れてほしい？
やったぁ
からあげとサンドイッチ!!
そういえばお母《かあ》さんは遠足《えんそく》のとき必《かなら》ずリクエストを聞《き》いてくれるなぁ

お母《かあ》さん、ごめんね。そんなよごれたのをあらうの、いやだよね
きたなくたってあんたの服《ふく》なんだからいやじゃないよ
ゴシゴシ
どんなによごしてもちゃんとあらってくれるし……
あんたのだったらウンチのついたおむつだって平気《へいき》だよ
あんたは元気《げんき》なのがいいところなんだから
あれ
ぼく愛《あい》されてるのかな

おい、こんな所《ところ》で
ねたら、かぜ引《ひ》くぞ
しょうがねえな
よっこらしょ
あ――、
いつの間《ま》にか
こんなに
重《おも》くなったんだなぁ
やっぱりぼく
ちゃんと大事《だいじ》に
されてるみたい

いろいろと世話《せわ》をしてくれるのは、あなたのことを大事《だいじ》に思《おも》っているからです
パタン
ギャーー
ねぼうした——!!
ちこくするー!!
荷物のせなさい!! 早く!!
ぱかっ
お母さんからあげとサンドイッチ作ってくれたんだ♪
あれ、お弁当ぶくろにメモが入ってる……
へー いいなー
遠足楽しんでね! ママより
わが子《こ》を愛《あい》する気持《きも》ちはみな同《おな》じ。あなたも、お兄《にい》ちゃんと同《おな》じように大切《たいせつ》な子《こ》なのです

ただいまー
お母《かあ》さん今日《きょう》ありがと〜♪
ランドセルの中から出てきたわよ！
ちょっとアンタ、これどういうことなの
ゴゴゴゴ
ただそれでも、自分《じぶん》ばかりおこられたりちっともほめてもらえないこともあります
やっぱりぼくだけきらわれてるんじゃないかな。
ぼくなんていてもいなくてもどっちでもいいのかな
そんなときは
かんたんなことです
一度《いちど》、親《おや》に直接《ちょくせつ》、自分《じぶん》の気持《きも》ちをぶつけてみたらいいのです
何《なん》て言《い》ったらいいの〜
思《おも》ったことは何《なん》でも
えんりょしたり気《き》をつかったりすることはないんです。親子《おやこ》なんだから

やっぱり お父《とう》さんも、お母《かあ》さんも お兄《にい》ちゃんのほうが すきなの？
ぼくなんか 生《う》まれてこないほうが よかったのかな？
えぇっ⁉
こんなことをストレートに聞《き》いて、おどろかない親《おや》はいません
何《なに》言《い》ってるんだ！
そんなはず ないじゃないか!!
あなたはお母《かあ》さんたちの大切《たいせつ》なたからものよ!!
フーン、あいつ あんなこと思《おも》って たんだ
兄
ぼくもやさしく してやろうっと
まさかこんなことを 思《おも》ってるなんて 考《かんが》えてもみなかった
これからはもっと ちゃんと話《はなし》を 聞《き》こう
ちょっと しかりすぎなのかも しれないわ。気《き》をつけよう
あなたがそういうふうに思《おも》って いたんだと知《し》れば、それが きっかけとなって、関《かか》わり方《かた》を 変《か》えてくれるかもしれないね

まとめ
親《おや》というのは
子《こ》どものことを、
頭《あたま》がいいから、
かっこいいから、
という理由《りゆう》で
愛《あい》するのではなく、
わが子《こ》だから愛《あい》するのです

あとがき

～親御さんへのメッセージ～

「子育てハッピーアドバイス」には、全国からたくさんの感想が届きますが、その中に、時々子どもからの感想もあります。

内容は、「これを読んで、お母さんの苦労がわかりました」とか（笑）、「私も、大きくなったら、子どもをこういうふうに育てたいと思います」という、すばらしい感想もあります。

時々親御《おやご》さんから、「うちの子ども、『ハッピーアドバイス』を熟読してるんですけど、子どものときから、子育ての本とか読んで大丈夫《だいじょうぶ》でしょうか？」と言われることもあります。

私は、「大丈夫《だいじょうぶ》ですよ。子どものときから、自分が受けるべき子育てについて、ちゃんと学べるって、すばらしいことじゃないですか」と答えています。

マンガでわかりやすいこともあり、「子育てハッピーアドバイス」は多くの子どもたちにも読まれているようなのですが、「それなら、子どもの悩《なや》みに直接答える本があってもいいんじゃないか」という提案があり、今回の本ができることになりました。

今の子どもたちは、なかなかたいへんです。小さいときから勉強勉強で追いまくられ、放課後といっても、塾《じゅく》や習い事で、帰宅が8時9時になる子どももあります。

学校での人間関係は、ますます複雑を極《きわ》め、いじめられはしないか、無視されはしないかと、必死で空気を読んでいます。そんな中で、心身共に疲《つか》れて、身体に症状《しょうじょう》が出てきたり、学校に行きづらくなったりする子どもも少なくありません。

少しでもそんな子どもたちに、悩《なや》み解決のヒントを伝え、日々の生活が楽しいものになればと願い、子どもたちから寄せられる代表的なギモンを選んで、Q＆A集という形で出すことにしました。

もちろん、子どもの悩《なや》みは人それぞれです。ここに書いた答えがすべて当てはまるとは限りません。だからこそ、もし可能なら、このQ＆Aを、親子の対話のきっかけにしてもらえたらと願っています。

「うちのクラスでも、こういうことあるよ」「え、そうなんだ？」「こないだもさあ……」そういう感じで、今まで話せなかったことが話せるきっかけになるなら本当にありがたいと思います。

すべての子どもに、幸せな子ども時代を。

それがまたこの社会を幸せなものにしていく原動力になるのだと思います。

明橋大二

〈著者略歴〉

明橋　大二（あけはし　だいじ）

心療内科医。専門は精神病理学、児童思春期精神医療。

昭和34年、大阪府生まれ。

京都大学医学部を卒業し、現在、真生会富山病院心療内科部長。

児童相談所嘱託医、NPO法人子どもの権利支援センターぱれっと理事長、
一般社団法人HAT共同代表、富山県虐待防止アドバイザー、
富山県いじめ問題対策連絡会議委員として、子どもの問題に関わる。

著書『なぜ生きる』（共著）、『子育てハッピーアドバイス』シリーズなど。

現在、自己肯定感を育む子育てを日本全国に広めるため、「認定子育てハッピーアドバイザー養成講座」を開講し、支援者育成に当たっている。

（詳細は、「一般社団法人HAT」ホームページ http://www.hat-a.com）


〈イラスト〉

太田　知子（おおた　ともこ）

昭和50年、東京都生まれ。２児の母。イラスト、マンガを仕事とする。
著書『子育てハッピーたいむ』①〜③
『りんごちゃんと、おひさまの森のなかまたち』①〜⑤
『HSC子育てあるある　うちの子は ひといちばい敏感な子！』
facebookページ https://www.facebook.com/mokomokotomoko

ハッピースクール開校！

友だち、勉強、家ぞくのなやみ　あけはし先生にきいてみよう

平成31年（2019）３月20日　第１刷発行

著　者　明橋 大二
イラスト　太田 知子

発行所　株式会社 １万年堂出版
〒101-0052 東京都千代田区神田小川町2-4-20-5F
電話 03-3518-2126
FAX 03-3518-2127
https://www.10000nen.com/

装幀・デザイン　遠藤 和美

印刷所　凸版印刷株式会社

 ISBN978-4-86626-041-9 C0037